Los Secretos Nunca Antes Revelados

Cómo Ganar En Los Casinos, En Las Máquinas Tragamonedas

Selvin Virula

Order this book online at www.trafford.com
or email orders@trafford.com

Most Trafford titles are also available at major online book retailers.

Author Credits: no tengo ninguno

Printed in the United States of America.

ISBN: 978-1-4269-5948-6 (sc)
ISBN: 978-1-4269-5949-3 (e)

Trafford rev. 05/03/2011

 www.trafford.com

North America & international
toll-free: 1 888 232 4444 (USA & Canada)
phone: 250 383 6864 ♦ fax: 812 355 4082

Creador De Los Secretos
Nunca Antes Revelados
Cómo Cambiar Totalmente
Su Suerte y Ganar En
Los Casinos, En Las
Máquinas Tragamonedas

Usted como una persona adicta a los juegos de azar, alguna vez, había pensado, que si usted podría predecir el futuro con exactitud, fuera un jugador favorecido, porque sabría cuándo y dónde va a ganar dinero en los casinos. Tal vez piensa, que solo las personas que tienen dones especiales, lo pueden hacer. Con los secretos nunca antes revelados, usted y todo el mundo, podrá predecir el futuro con exactitud y saber cuándo y dónde va a ganar dinero en los casinos.

Usted es una persona adicta a los juegos de azar y nunca gana nada en los casinos, siente una gran desesperación por ir a jugar cuando tiene dinero. Piensa, hoy si voy a ganar, recuperar lo que he perdido y se va a jugar muy contento. Cuándo comienza a jugar, ve cómo las máquinas tragamonedas le quitan todo su dinero y ni siquiera lo dejaron jugar. Piensa, que si saca dinero del banco o de los cajeros automáticos, puede recuperarse y ganar. Saca más dinero, lo vuelve a jugar y le pasa lo mismo.

Las máquinas tragamonedas le han quitado todo su dinero. Busca a un amigo que le preste dinero. Le presta el dinero y se va, con la esperanza de recuperarse y ganar. Pero, lo vuelve a perder nuevamente, está totalmente decepcionado, no haya qué hacer, con deudas y sin dinero, quisiera morirse. Muchas personas que han perdido autos, casas, propiedades, y lo han perdido todo, también han llegado hasta prostituirse y suicidarse.

Todo, por la adicción a los juegos de azar. Sabía usted, que las posibilidades de un jugador de perder dinero en los casinos, en las máquinas tragamonedas, son de un 99.9%. Si usted es un jugador con mala suerte en los juegos de azar y quisiera ser un jugador afortunado en los juegos de azar, especialmente en los casinos, en las máquinas tragamonedas, pues les tengo muy buenas noticias con este método de los secretos nunca antes revelados, usted podrá cambiar su suerte por completo y ganar dinero en las máquinas tragamonedas.

Déjenme contarles un poquito de mi vida. Mi nombre es Selvin Virula, fui una persona muy adicta a los juegos de azar, especialmente en los casinos y en las máquinas tragamonedas. Trabajaba todos los días, el viernes cuando recibía el cheque, me iba a jugar a los casinos y veía que más tardaba en guardar mi dinero en mi cartera, que en perderlo en los casinos. El día sábado, no tenía ni para comprar un café, mucho menos para comer. La siguiente semana hacía lo mismo.

No podía tener ni un sólo centavo, porque sentía una gran desesperación por ir a jugar a los casinos y siempre perdía todo mi dinero. Ya no hallaba qué hacer, porque cuando hacía el esfuerzo por no ir a jugar a los casinos y me iba acostar, escuchaba la musiquita de las máquinas tragamonedas y volvía a sentir una gran desesperación por ir a jugar y me iba a jugar con lo poco que tenía guardado para comprar comida, y al ratito ya no tenía nada, ni un solo centavo y me sentía morir de decepcionado.

Por mi adicción a los juegos de azar y mi mala suerte, sin pensarlo, también estaba perdiendo a mi familia. Ya no me importaba nada y quería morirme. Pensaba, esta ya no es vida para mi, prefiero mejor estar muerto, que seguir esta vida así. Entonces, de tantas cosas que pasaban por mi mente, un día pensé, cómo encontrar la manera de controlar las máquinas tragamonedas, para ser un jugador afortunado y cambiar mi suerte en los juegos de azar.

Me dediqué a tratar la manera, de cómo lo iba a lograr, para controlar las máquinas tragamonedas, sin ser detectado en los casinos y sin llamar la atención de los demás. Me dediqué a hacer muchas investigaciones y probar un sin fin de cosas, para encontrar la manera de ser un jugador afortunado y controlar las máquinas tragamonedas. Después de nueve años de intensas investigaciones y grandes pérdidas, al fin encontré lo que por mucho tiempo andaba buscando.

Y hoy quiero compartirlo con todos ustedes, porque lo que pasé por mi adicción a los juegos de azar, fue algo muy desagradable, pasé por unas situaciones muy difíciles en mi vida y espero jamás se vuelvan a repetir.

Por eso me decidí a compartir los secretos nunca antes revelados, con todos ustedes, pues hay millones de personas con el mismo problema y no quiero que sigan sufriendo más, por la adicción a los juegos de azar.

Y así fue, cómo nacieron los secretos, nunca antes revelados. Cómo ganar dinero en los casinos, en las máquinas tragamonedas. Les enseñaré cómo predecir el futuro con exactitud, para que sepan dónde y cuándo van a ganar dinero en los casinos, para que sea un jugador afortunado en los juegos de azar, porque sabiendo que usted va a perder su dinero en los casinos, ¿sería capaz de ir a jugar a perder su dinero, que tanto le cuesta ganarlo hoy en día? ¿Verdad que no iría a jugar?, pero si usted supiera, que va a ganar dinero en los casinos, ¿fuera a jugar o se quedaría en casa haciendo otras actividades, siendo una persona adicta a los juegos de azar?

¿Verdad que sí iría?

Con los secretos nunca antes revelados, usted podrá predecir el futuro, saber cuándo y dónde va a ganar dinero en los casinos. Cambiar su suerte por completo, ser un jugador afortunado en los juegos de azar, estos secretos fueron cuidadosamente seleccionados y probados en diferentes casinos y su poder es extremadamente poderoso, como controlan las máquinas tragamonedas.

Ni usted mismo lo creerá, hasta que lo compruebe por sí mismo. Muchas veces, nos encontramos con máquinas tragamonedas, que tienen bonos y son muy duras o difíciles que den los bonos y cuando al fin dan los bonos, no pagan nada de dinero, pero con los secretos nunca antes revelados, muy duras o difíciles que puedan ser las máquinas tragamonedas, con los secretos nunca antes revelados, le caerán los bonos una y otra vez y siempre le pagarán dinero. Lo mejor de todo es, que no necesita mucho dinero para ganar.

Con los secretos nunca antes revelados, solo necesita veinte dólares o depende la moneda que rija en su país. Porque para ganar dinero en los casinos, no necesita mucho dinero, pero para perderlo si lo necesita. Muchas personas piensan, que al llevar bastante dinero a jugar, tienen más oportunidades de ganar, pero no es cierto, cuando uno va a ganar, con poquito dinero gana, pero cuando va a perder, aunque tengas un millón de oportunidades, siempre pierdes.

Lo primero que debemos hacer para ser un jugador afortunado es, limpiar nuestros cuerpos de malas vibraciones y espíritus malignos, que no podemos ver y nos causan mucho daño. Muchas veces nos confunden, porque pensamos, esta máquina tragamonedas ya va a pagar el premio mayor, porque muestra los premios grandes y cae uno y otro, pero el tercero nunca cae, para que uno le siga jugando, introduciendo más y más dinero, nunca caen los premios grandes, por eso es muy importante, limpiar nuestros cuerpos

de malas vibraciones y espíritu malignos, antes de utilizar uno de los secretos nunca antes revelados. Para tener éxito como un jugador afortunado en los juegos de azar, especialmente en los casinos, en las máquinas tragamonedas, tenga en cuenta que la base fundamental para tener éxito en los juegos de azar, es seguir las indicaciones tal y como aparecen en este libro.

Para eliminar las malas vibraciones.

Necesita:

Un huevo de gallina de preferencia criollo.

Un vaso de cristal nuevo, sin rallas, ni relieves.

Agua de la llave.

Luego, échele tres cuartas partes de agua al vaso, pásese el huevo por todo su cuerpo, desnudo, desde la cabeza, hasta los pies.

Después, échelo en el vaso con agua y déjelo por un espacio de tres a cuatro minutos.

Luego échelo en el drenaje de su baño.

Otro de los trabajos para desaser las

Malas vibrasiones y los espiritus malos que

Nos causa mucho daño necesita

Siete ajos

Siete puros

Siente montes

Siete limones partidoas en cruz

Agua de la llave la suficiente

Un colador

Un resipiente grande

Macheque todos los ingredientes y

echelos en el resipiente con agua de la llave

y dejelos por un espacio de treita a cuarenta

minutos luego cuelelo y bañese normal mente

y por ultimo echese el contenido desde la

cabeza asta los pies dejelo que se consuma

en su cuerpo pero ya no se enjuague asta el

dia siguiente este trabajo deve hacerse por siete dias consecutivos y notara la diferencia si usted tenia malas vibraciones o espiritus malos en su cuerpo

Otro de los trabajos para limpiar nuestro cuerpo de malas vibraciones y limpiar nuestra aura necesita:

Una vela blanca.

Pétalos de un crisantemo blanco.

Un poco de agua Florida.

Una pizca de cascarilla.

Agua de tres cocos.

Un vaso con leche tibia.

En un recipiente grande, mezcle el agua de los tres cocos, con un poco de agua Florida, los pétalos del crisantemo blanco y la leche tibia. Luego, pásese la vela por todo el cuerpo desnudo, báñese normalmente y después añada
una pizca de cascarilla. Échese el contenido, desde la cabeza hasta los pies, déjelo que se consuma en su cuerpo y báñese el día siguiente.

Este trabajo debe hacerlo un día sábado, para eliminar todas las malas vibraciones.

Y ya que hemos limpiado nuestro cuerpo de malas vibraciones, estamos listos para el siguiente paso. Este trabajo fue seleccionado y probado en diferentes casinos. Su poder es grandioso como controla las máquinas tragamonedas y es buenísimo para ganar dinero en los casinos. Si usted quiere ser un jugador favorecido en los juegos de azar y ganar dinero;

Lunes, Martes, Miércoles, Jueves Viernes, Sábado, y Domingo, a cualquier hora, necesita:

Una barita de incienso de sándalo.

Una barita de incienso de rosa.

Una barita de incienso de jazmín.

Un frasquito de ven dinero.

Una cinta métrica.

Una brújula.

Cerillos los necesarios.

Un lápiz.

Con la brújula, averigüemos para dónde está el norte, luego que ya tenga la ubicación del norte, con la cinta métrica, vamos a medir tres partes iguales, formando un triángulo, lo suficientemente grande, donde usted pueda entrar en él, luego márquelo con el lápiz y en cada punta del triángulo, va a poner una barita de cada incienso, por ejemplo, una barita de incienso de rosa, en la siguiente punta, una barita de incienso de jazmín, y en la siguiente punta, una barita de incienso de sándalo.

Luego, échele el liquido de ven dinero, en donde marcó el triángulo con el lápiz, entre en el triángulo y encienda los inciensos, después debe rezar su oración favorita, una y otra vez, hasta que los inciensos se terminen y por ninguna razón debe salirse del triángulo, ni un solo dedo fuera del triángulo, pues este trabajo requiere de mucha concentración, cuando está dentro del triángulo. El trabajo dura, entre cuarenta y cinco minutos, a una hora, tenga en cuenta, que si por alguna razón se le apagan los inciensos, debe encenderlos de nuevo, pero sin salirse del triángulo, tenga cerillos con usted, este trabajo se hace al aire libre, para un mayor éxito. Tenga en cuenta, que si por alguna razón, cuando lo estamos haciendo, alguien o algo se los botan, es mejor dejar unos días y volverlo hacer de nuevo.

Lo mejor que debe hacer es, hacerlo en un lugar donde nadie lo desconcentre o lo distraiga, este trabajo debe hacerse siete días consecutivos, cuando ya está oscuro, pero antes de la media noche. Y para mayor eficacia debe hacerlo, cuando la luna está en cuarto creciente en adelante y no debe comenzarlo el día sábado.

Consejos también, sino encuentra el ven dinero. Puede hacerlo sin él.

Tenga en cuenta, que cuando el trabajo ya está hecho y terminado y vamos a jugar en raras ocasiones, uno pierde hasta tres veces y luego comenzamos a ganar todos los días, pero cuando usted está haciendo el trabajo, no debe ir a jugar, porque no ganará. Lo mejor es, ir a jugar, el día siguiente que lo haya terminado.

Tenga en cuenta, que cuando vaya a jugar, no lleve mucho dinero, porque con este trabajo, solo necesita veinte dólares para ganar y saber si todo fue un éxito. Si usted está ganando en los casinos todos los días a cualquier hora, sea muy discreto, porque este trabajo es buenísimo, pero también es, muy delicado, se recomienda alta discreción, por ejemplo, si usted está ganando todos los días, todo es una maravilla ganando en los casinos y se lo da a alguien.

Automáticamente usted dejará de ganar en los casinos y este trabajo no funcionará más con usted. Deberá adquirir nuevamente este ejemplar y volverlo hacer. También a veces nos encontramos con personas que nos piden dinero, según dicen, para comprar comida. A veces las personas compran licor, cervezas, drogas, etc., etc. Si les damos dinero y lo utilizan para comprar licor, cervezas, drogas, etc., etc. Automáticamente el trabajo también dejará de funcionarle, lo mejor es comprarles comida.

También, si usted no tiene una oración favorita, lo puede hacer con un padre nuestro, la oración al ángel de la buena suerte, etc., etc. O con su oración favorita.

Un ejemplo de cómo tiene que hacer el triángulo para que usted tenga una idea basada en esta imagen.

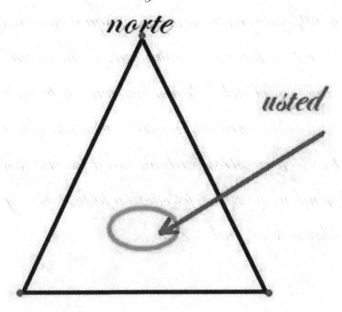

Los puntitos rojos son las baritas de incienso, el círculo verde es usted. A continuación, las oraciones que puede utilizar, de no tener una favorita.

Oración. Al Padre Nuestro.

Padre Nuestro, que estás en cielo, santificado sea tu nombre, venga a nosotros tu reino, hágase tu voluntad, en la tierra, como en el cielo, danos hoy nuestro pan de cada día, perdona nuestras ofensas, como también nosotros perdonamos a los que nos ofenden, no nos dejes caer en la tentación y líbranos del mal. Amén.

Ho, misterioso espíritu, que diriges todos los hilos de nuestras vidas, desciende hasta mi humilde morada, ilumíname para conseguir por medio de los secretos azares de la lotería, el premio que ha de darme la fortuna y con ella la felicidad y el bienestar que recibirá mi alma. Observa mis intenciones que son puras y sanas, que van encaminadas en bien y provecho mío y de la humanidad en general. Yo no ambiciono riquezas para mostrarme egoísta y tirano deseo, dinero para comprar la paz de mi alma, la ventura de los que amo, y la prosperidad de mi esperanza.

Ho, soberano espíritu, si tú crees que yo debo pasar todavía muchos días sobre la tierra, sufriendo las incomodidades que el destino me depara. Hágase tu voluntad, yo me resigno a tus decretos, pero ten en cuenta mis sanos propósitos en este momento en que te invoco la necesidad en que me encuentro y así está escrito en el libro de mi destino, sean satisfactoriamente atendidos mis votos, que están expresados con toda sinceridad en mi corazón sincero. Amén.

También este trabajo le ayudará en el amor, el trabajo, el dinero, y en la prosperidad. Personas que le adeudan desde mucho tiempo atrás, le pagarán, amores perdidos, regresarán a ti, etc., etc. y lo más importante, a ganar dinero en los casinos, en las máquinas tragamonedas, todos los días y a cualquier hora, pero muy importante, no se deje llevar por las ambiciones, sea conformista y muy discreto.

Si usted ha experimentado en los casinos con el trabajo anterior y piensa que necesita aún más fuerza para ganar en los casinos, en las máquinas tragamonedas, necesita:

Cuatro piedras alumbre.

Una bolsa negra, cualquier día por la noche, cuando la luna esté en cuarto creciente, póngase las cuatro piedras en una de las manos y páceselas por todo el cuerpo desnudo, luego entiérrelas, una en cada esquina de su casa, por el lado de afuera.

Luego, déjelas enterradas durante siete días consecutivos y después desentiérrelas y échelas en la bolsa negra. Tirelas lejos de su casa, de preferencia en un rio. Muchas veces cuando desenterramos las cuatro piedras alumbre y solo encontramos tres piedras alumbre, pensamos que alguien se la llevó, o alguien nos vio y vino a desenterrarla, pero sabemos que no hay nadie más en la casa, tal vez piense, que el trabajo no lo hizo bien y que no le va a funcionar, porque le falta una piedra alumbre.

Pero al contrario, el trabajo sí lo ha hecho muy bien y muchas veces los espíritus de la buena suerte, siempre se llevan una piedra alumbre y le deja una más chiquitita blanca y redondita, también hay que echarla a la bolsa negra, tirarla junta con las otras tres piedras alumbre y si usted quiere ir a jugar cuando haya tirado las piedras alumbre al rio, puede hacerlo desde ese momento, porque desde que usted tire las piedras al rio, sus posibilidades de ganar en los casinos, en las máquinas tragamonedas, aumentarán favorablemente.

Usted comenzará a ganar con poquito dinero, se dará cuenta, cuanto han subido sus posibilidades de ganar en los casinos, pero cuando haya ganado, no preste dinero, ni tampoco lo regale, porque estamos regalando nuestra buena suerte y todas las posibilidades de ganar en un futuro.

Y como siempre, sea muy discreto.

Otro de los trabajos poderoso, para ganar dinero en los casinos, es muy fácil de hacer, pero muy poderoso para controlar las máquinas tragamonedas

y aumentar sus posibilidades de ganar siempre, para este poderoso trabajo necesita:

Una veladora verde, jugador, con un frasquito de líquido para la buena suerte, también:

Cerillos.

Un pica hielo.

Una aguja, alfiler, etc., etc.

Con el pica hielo o el alfiler, etc., etc. va a escribir su nombre completo en la veladora , jugador, lo más cerca al pábilo y debe escribir el nombre del casino, adonde va a ir a jugar, luego con los cerillos enciéndala, rece la oración que viene en la veladora y báñese normalmente, luego échese el líquido de la buena suerte y déjelo que se consuma en su cuerpo y no se bañe hasta el día siguiente, este trabajo es buenísimo para ganar en los casinos, un ejemplo, si usted va a ir a jugar el día viernes a las ocho de la noche.

Tiene que encenderla el día jueves a las ocho de la noche o sea, veinticuatro horas antes, si la enciende y se va a jugar, las posibilidades de ganar aún no han aumentado y no ganará. Si va a jugar ese mismo día que la encendió, no va a ganar y tendrá que ir, el día siguiente para ganar. Tiene que usar el líquido que viene con la veladora, jugador, cuando encienda la vela y vaya a jugar, si usted es una persona fumadora o adicta al cigarro, un solo cigarro que se fume, puede echarlo todo a perder.

Y usted ya no ganará, porque si se fuma un solo cigarro, después que se ha echado el líquido y se va a jugar, el trabajo automáticamente lo está deshaciendo, no funcionará y no ganará en los casinos, en las máquinas tragamonedas y pondrá en riesgo su dinero, pero sino es una persona adicta al cigarro, no tiene nada de qué preocuparse. Deje la veladora encendida en un lugar donde nadie la vea, para que no pierda la fuerza. Si alguien la ve encendida, no ganará en los casinos.

Ni en las máquinas tragamonedas, déjela en un lugar donde no haya peligro de un incendio, fuera del alcance de los niños, este trabajo es el único que lo pueden usar dos personas que vayan juntas a jugar, siempre y cuando, cada persona encienda su propia veladora, sean muy discretas con las demás personas, si una tercera persona lo sabe, lo echarán todo a perder, tenga en cuenta que lo mejor es seguir las indicaciones tal y como aparecen en este libro.

Muchas personas hablan de la ruda y sus propiedades. La ruda es muy buena para muchas cosas, una de la más importante es, para atraer el dinero a nuestras manos y el amor que muchas veces deseamos. Con este trabajo, usted podrá atraer las buenas vibraciones, el dinero, y el amor. Le abrirá muchas puertas de prosperidad, sus posibilidades de ganar en los casinos, y en las máquinas tragamonedas, aumentarán.

Para este trabajo necesita:

Un manojo de ruda.

Un colador.

Un recipiente grande.

Una licuadora.

La oración de la ruda.

Agua de la llave.

Los días Martes, Jueves, y Viernes, por la mañana eche un manojo o unas ramitas de ruda en el recipiente, con un poco de agua, échelo a la licuadora y lícuela.

Vuélvalo a echar en el recipiente, si es necesario, agréguele más agua.

Después, rece la oración de la ruda, déjela por un espacio de cinco a diez minutos. Después con el colador cuélela, báñese normalmente y por último, échese el contenido desde la cabeza hasta los pies, deje que se consuma en su cuerpo, pero ya no se bañe hasta el día siguiente.

Oración de la Ruda.

Ruda bendita, poderosa ruda, milagrosa, que en el monte del calvario, por las lágrimas de Magdalena, derramaste lágrimas por mí, traedme rendido a (diga el nombre de la persona que le interesa) me haga este baño, dadme suerte y la persona que yo quiera, que sienta amor, desesperación por mí, que sus ojos y sus pensamientos se fijen solamente en mí, por las gotas de sangre que derramó el rey de reyes, te pido derrames sobre mí, dinero y atención de mis semejantes

especialmente de, (diga el nombre de la persona que le interesa), traedme prosperidad al momento de bañarme con esta agua.

Es para que derrame sobre mí, prosperidad y suerte y a sí te pido, que me des buenos y bastantes negocios, que entre felicidad, dicha en mi cuerpo y alma. Amén.

Otro de los trabajos para ganar en los casinos, es muy fácil de hacer, pero muy poderoso.

Necesita un frasquito de ven dinero.

Un naipe español de cuarenta o cuarenta y ocho cartas, es lo mismo con el líquido del ven dinero, solamente tiene que echárselo en las manos, frotárselo y listo, pero tenga en cuenta que no todos los días son iguales, por eso, le aconsejo que cuando quiera ir a jugar a algún casino, pregunte primero, con el naipe español de la siguiente manera.

Con el naipe español, barájelo bien y pregunte de esta manera. Si echándome el líquido de ven dinero en mis manos, ¿voy a ganar en el casino? (diga el nombre del casino adonde va a ir a jugar), luego ponga el mazo de naipes en la mesa y corte con la mano izquierda, haciendo dos montones, cuando corte el mazo de naipes, tiene que cortar de izquierda a derecha, luego dele vuelta al primer montón, que es, el de la izquierda y tiene que girar el montón hacia la izquierda.

Luego, dele vuelta al segundo montón, de derecha a izquierda, las cartas que le dirán si va a ganar. Son cuatro cartas y son las siguientes:

La primera carta es, la del primer montón, la de arriba.

La segunda carta es, la del primer montón, pero la de abajo.

La tercera carta es, la del segundo montón, la de arriba.

Y la cuarta carta es, la del segundo montón, la de abajo.

Le quedaran así.

1, 2, 3, 4.

Este es el orden de las cartas, si entre las cuatro cartas, le salió un cinco de espadas, le predice pérdida total.

Si le salió entre las cuatros cartas, una reina de espadas, le predice, pérdida total también.

Si le salió entre las cuatro cartas, un caballo de espadas, le predice lo mismo, pérdida total, pero si entre las cuatro cartas, le sale un caballo de oros, le predice, buena suerte, y en cualquier máquina tragamonedas, en la que usted juegue, le pagarán dinero, pero no tiene que dejarse llevar por la ambición.

Porque podría perder todo su dinero y le predice que sea una persona conformista, pero si entre las cuatro cartas, le sale el mismo caballo de oros, pero invertido, o sea para abajo, le predice, que usted no ganará nada y no tiene ninguna posibilidad de ganar en los casinos. También, si entre todas las cuatro cartas, le sale una reina de oros y ninguna carta de espadas, le predice, que usted va a ganar el segundo premio grande de una máquina tragamonedas. Si entre las cuatro cartas, le sale un rey de oros y ninguna carta de espadas, le predice, el Jackpot de una máquina tragamonedas, pero si entre las cuatro cartas, le sale el tres de oros y ninguna carta de espadas, le predice, buena suerte, buena estrella, eso significa, que usted tiene muchas posibilidades de ganar en los casinos, un premio grande. Entonces el naipe le está diciendo, que con el líquido de ven dinero, usted podrá ganar y solo tiene que echárselo, frotárselo en las manos y listo, pero si el tres de oros, le sale invertido, o sea, para abajo, le predice, que no tiene ninguna oportunidad de ganar.

Mejor, quédese en casa, haciendo otras actividades. Si en un casino, no le sale ninguna oportunidad de ganar, puede preguntar por otro casino, solamente diga el nombre del otro casino adonde usted quiera ir a jugar y según las cartas que le salgan, puede tomar una decisión correcta. Las cartas positivas para el jugador, siempre son, las de oros, pero si le salen invertidas, son negativas para el jugador, porque le predicen pérdida segura.

Un ejemplo, si entre las cuatro cartas, le sale un tres de oros, le predice, que usted va a ganar un premio grande, pero si le sale acompañado de un cinco de espadas, le predice, pérdida segura, el tres de oros, y el cinco de espadas, siempre predice, pérdida, aunque todas las otras cartas sean positivas, uno siempre pierde dinero en los casinos, si le sale un cinco de espadas, la reina de espadas, estas dos cartas, cada vez que le salgan, siempre predice, pérdida segura. Invertidas, le predicen, pérdida segura y es mejor hacer otras actividades o quedarse en casa, que ir a perder su dinero.

Otro de los trabajos, para ganar en los casinos, es my fácil de hacerlo, necesita:

Un lapicero o bolígrafo rojo.

Cerillos.

Un cigarrillo de cualquier marca.

Un naipe español, este trabajo debe hacerlo, de la siguiente manera. Un ejemplo, pregunto, si al escribirle, tres siete rojos al cigarrillo y fumándomelo, veinte una veces, a los cuatro vientos o puntos cardinales, ¿voy a ganar en el casino?, diga el nombre del casino, adonde va a ir a jugar. Con el naipe español, es el mismo procedimiento que el trabajo anterior.

Cuando tenga el sí, del naipe que va a ganar, escríbale los tres siete rojos al cigarrillo, desde donde termina la colilla, hasta donde se enciende, luego enciéndalo y fúmelo veinte una veces. Una para el norte, otra para el oeste, el sur y el este. Haciéndolo exactamente veinte una veces. Tenga en cuenta, que la palabra más sencilla que sea, puede hacerlo ganar en los casinos, siempre y cuando use, el naipe español primero y después que lo haga, ya no debe fumarse otro cigarrillo, hasta cuando haya ganado.

Tenga en cuenta, que este trabajo, es solo para personas que son adictas al cigarrillo. Si usted, no es una persona adicta al cigarrillo, es mejor utilizar otro de los secretos nunca antes revelados, porque el cigarrillo es muy dañino para la salud y puede tener graves consecuencias en el futuro.

Otro de los trabajos que puede hacer, es muy sencillo. Cuando va a jugar a los casinos sin prepararse y las máquinas tragamonedas no le dan nada. Lo que debe hacer es, fumarse un cigarro veinte una veces, a los cuatro puntos cardinales, o sea, una vez para el norte, otra para el oeste, el sur y el este, echando el humo hacia los cuatro puntos cardinales, para que sus posibilidades de ganar aumenten y tenga más oportunidades de ganar en los casinos.

Cuando usted sienta, que necesita una protección contra las malas vibraciones y los malos espíritus. Que lo proteja de cualquier peligro en que se encuentre y le atraiga el amor, dinero y las buenas vibraciones, para esta poderosa protección, necesita:

Una piedra de ara.

Dos velas blancas.

Cerillos.

Una oración de piedra de ara.

El día lunes, después del atardecer, ponga las dos velas blancas y en medio de las dos velas, ponga la piedra de ara.

Enciéndalas y rece la oración, hasta que las velas, se consuman por si solas. Después tome la piedra de ara y con la oración, dóblela bien y guárdela en su bolsillo. Si se le quiebra, debe hacerlo de nuevo, para que siempre, esté protegido de cualquier situación, en la que usted se encuentre.

Sabía usted, que con los secretos nunca antes revelados, aprenderá a predecir el futuro con exactitud, saber, dónde y cuándo va a ganar dinero en los casinos, para ser un jugador afortunado, en los juegos de azar, porque sabrá las posibilidades, que tiene de ganar dinero, en cada casino. También, con este método, aprenderá a aclarar todas sus dudas.

Para comenzar a predecir el futuro, necesita un naipe español, de cuarenta o cuarenta y ocho cartas.

Luego, debemos protegerlo o curarlo, hay muchas maneras de curar un naipe, pero le mostraré, la manera más fácil de hacerlo. Cuando tenga el naipe nuevo, debe ponerlo en la mesa, y poner sus manos en cruz, encima de él. Rezar, tres "Padre Nuestro" y decir, nuestro nombre completo, tres veces. Barajear bien el naipe y mientras lo estamos barajeando, hacer una pregunta, por ejemplo, tiene que decirlo, de esta manera, pregunto, ¿voy a ganar en el casino, esta noche? y dice el nombre del casino, a donde quiere ir a jugar.

Hay muchas maneras de tirar las cartas, para predecir el futuro. Pero de esta manera, que les mostraré a continuación, es la más fácil de predecir el futuro con exactitud, saber si va a ganar o no y las posibilidades que tiene como jugador de ganar dinero en los casinos, ya que hemos curado el naipe de malas vibraciones. Hay que hacer lo siguiente, cada vez que vamos hacer una pregunta. Debemos lavarnos las manos, nuestro rostro y encender una vela, para que nuestras predicciones sean exactas.

El lugar, donde vamos a tirar las cartas, tiene que ser de preferencia, en una mesa de pino, pero sin barniz o pintura, ya que tienes todo listo. Para saber si vamos a ganar dinero en el casino, debemos hacer la pregunta de esta manera. Pregunto, ¿si voy a ganar en el casino, (diga el nombre del casino adonde usted quiere ir a jugar) o el casino me va a ganar? Luego ponga el naipe en la mesa y corte de izquierda a derecha, haciendo dos montones, escoja uno de los dos montones.

Ponga su mano izquierda, en el montón que escogió.

Vuelva a preguntar, ¿si voy a ganar en el casino?, (diga el nombre del casino).

Después, en el otro montón, ponga su mano izquierda, pregunto, ¿si el casino me va a ganar?, luego dele vuelta al primer montón, que es el de la izquierda, dándole vuelta, de derecha a izquierda. Dele vuelta al segundo montón, de la misma manera, a las cartas que le van a predecir, si usted va a ganar o a perder solamente. Son cuatro cartas, las siguientes:

La primera carta es, la del primer montón, la de la izquierda. La segunda carta es, la del primer montón, la de la derecha. La tercera carta es, la del segundo montón, la de la izquierda. Y la cuarta carta es, la del segundo montón, la de la derecha. Quedando en el siguiente orden:

1.2.3.4 Entre las cuatro cartas, son dos cartas para usted y dos cartas para el casino. Si usted escogió el primer montón, las cartas suyas son, 1.2 Estas dos cartas tienen que ganarle a la 3.4. Del casino. Después tiene que sumarlas y la que tenga más números, es la que dirá, si usted va a ganar o el casino.

Ejemplo, si las cartas 1. 2. Que son las suyas en la carta número 1. Tiene un 3 de oros y un 11 de oros y la carta número 3 del casino tiene un 2 de copas, en la 4 carta tiene un 5 de bastos, usted tiene que sumar 3 más 11. El total es 14. Las cartas del casino tienen 2 más 5. El total es 7. Así de fácil es este método. Usted tiene todas las posibilidades de ganarle al casino, en las máquinas tragamonedas.

Tenga en cuenta, que la mayoría de cartas de oros son las más importantes, los bastos y las copas no tienen mucho que ver, pero las espadas sí. Otro ejemplo, si usted escogió las cartas 1.2. Y en la carta número 1 salió el 5 de espadas, en la segunda carta le salió el 12 de oros, en la 3 carta salió un 2 de copas, en la 4 carta salió un 3 de copas y suma las cartas del casino que tienen en total 5. La mayoría de las cartas están a su favor, porque usted tiene 12 puntos más y de oros, pero como le salió cinco de espadas, usted no tiene ninguna oportunidad de ganarle al casino, porque el cinco de espadas siempre predice pérdida segura, aunque el cinco de espadas, le hubiera salido al casino, es pérdida segura para usted y no para el casino. Otro ejemplo, si usted escogió las cartas 1. 2 y en la primera carta le salió el 11. de oros y el 12. de oros y en la cuarta número 3 salió el 10. de espadas y en la 4 carta salió un 2 de copas y usted suma sus cartas y en total tiene 23 y el casino tiene en total 12, usted tiene 11 puntos más, pero como salió el 10 de espadas, le predice pérdida segura, aunque la reina de espadas le hubiera salido a usted, siempre predice pérdida segura, igual que el cinco de espadas, estas dos cartas son:

5. de espadas

10. de espadas

Siempre que salgan cualquiera de estas dos cartas, a usted o al casino, siempre predice pérdida segura y es mejor quedarse en casa o hacer otras actividades, que ir a perder su dinero en los casinos y regresar a casa decepcionado de los casinos.

Otro ejemplo, usted puede escoger cualquier montón, el que su corazón le diga, si escogió las cartas 1. 2. En la carta número uno le salió el 6 de bastos, en la segunda carta salió el 7 de copas, en la 3 carta el 6 de copas, en la 4 carta el 7 de bastos y suma sus cartas con un total de 13 y las del casino tiene 13 también. Es un empate y tal vez usted piensa que no va a perder, pero tampoco va a ganar, porque tienen la misma cantidad, pero no es así, porque no hay ninguna carta de oros.

Usted no tendrá ninguna oportunidad de ganar en el casino, ni siquiera lo dejarán jugar. Otro ejemplo, si usted escogió las cartas 1.2. Y en la carta número 1 le salió el 11 de oros, en la segunda carta le salió el 3 de copas, en la carta número 3 salió el 12 de copas, en la cuarta carta salió el 8 de bastos, suma sus cartas y en total usted tiene 14. Y en las cartas del casino, tienen un total de 20, la mayoría de cartas está a favor del casino, pero la mayoría de oros está a favor suyo y sus posibilidades de ganar son muy buenas. Le predice buena suerte y en cualquier máquina tragamonedas en la que usted juegue le dará dinero, pero si el 11 de oros le sale invertido, le predice mala suerte en los juegos de azar y no tendrá ninguna posibilidad de ganar.

Otro ejemplo, si usted escogió las cartas 1.2. Y en la carta número 1 salió el 3 de oro, en la carta número 2 salió el 5 de oro, en la tercera carta salió el 5 de copas, en la cuarta carta salió el 2 de bastos y usted suma sus cartas y en total tiene 8. Y el del casino con un total de 7. Usted tiene la mayoría de cartas y son las de oros.

También están a favor suyo y le predice el Jackpot de una máquina tragamonedas y gran ganancia, pero si el 3 de oros sale invertido, le predice pérdida y mala suerte. Otro ejemplo, si usted escogió las cartas 1.2. En la carta número 1 le salió el 11 de copas, en la segunda carta le salió el 11 de bastos, en la tercera carta salió el 10 de bastos, en la cuarta carta 10 de copas y suma sus cartas con un total de 22. Y las cartas del casino tienen en total 20, usted tiene todas las posibilidades de ganar, porque las cartas que salen con pares, aunque no tengan oros, predicen el éxito. Las cartas que son buenas y predicen el éxito son: 2 de oros, 3 de oros, 4 de oros, 5 de oros, 6 de oros, 7 de oros, 8 de oros, 9 de oros, 10 de oros, 11 de oros, 12 de oros.

Las cartas que predicen mala suerte, invertida o al revés son: 3 de oros, 7 de oros, 10 de oros, 11 de oros. Creo que con estos ejemplos, usted tendrá una idea correcta, de cómo funcionan los juegos de azar, para que sea un jugador favorecido y sepa cuándo va a ganar y cuándo va a perder, para que no ponga en riesgo su dinero.

Las cartas negativas para el jugador y las que siempre predicen mala suerte y pérdida segura son:

El 3 de espadas, el 4 de espadas

El 5 de espadas, el 7 de espadas

El 8 de espadas, el 9 de espadas

El 10 de espadas, el 11 de espadas

El 12 de espadas

Salgan invertidas o no, las cartas que predicen siempre pérdida segura, salgan a usted o al casino, son:

El 5 de espadas y el 10 de espadas.

Para que usted, como jugador afortunado, sepa con exactitud, cuándo debe ir a jugar y cuándo debe quedarse en casa. Si un cinco de espadas le sale, es mejor no ir a jugar, lo mismo si le sale, un 10 de espadas. Mejor hacer otras actividades y no poner en riesgo su dinero.

Otro ejemplo, si le sale 3 o 11 de oros sin espadas, ni invertidos le aseguraran el éxito, si le sale un 3 de oros y un 1.2.3.4.6.7.8.9 de espadas, le predice obstáculos para ganar.

Muchas veces, predicen el tiempo que uno está jugando, no se ven indicios de ganar y al pasar las horas uno gana dinero en los casinos, pero muchas veces no nos alcanza el dinero para ganar y se viene con pérdidas de dinero, por eso es mejor estar chequeando cada media hora y si en un casino le sale el 5 de espadas o el 10 de espadas y le queda cerca otro casino, usted puede saber si en el otro casino tiene más posibilidades de ganar dinero, en las máquinas tragamonedas o su juego favorito.

Otro método para saber, cuándo va a ganar en los casinos, para no estar jugando y perdiendo dinero mientras está en el casino. Con el naipe español, pregunte de esta manera, pregunto, ¿si voy a ganar en el casino? (diga el nombre del casino) Corte el naipe con la mano izquierda, luego de vuelta a los dos montones y las cartas quedarán 1. 2. 3. 4. Como el método anterior, si en la carta número 1, le sale, un caballo de oros, 3 de oros, 6 de oros, 5 de oros, le predice, cuándo usted va a comenzar con mucha suerte y ganando dinero. Después una máquina tragamonedas le dará el Jackpot y más dinero.

También le predice una gran ganancia, pero si en la carta número 1, le sale un 3 de espadas, el caballo de oros, 6 de oros, el 5 de oros. Le predice que va a comenzar perdiendo su dinero y luego comenzará a ganar dinero, más dinero y buena ganancia, pero si le sale, un tres de espadas, en la carta número 1, un caballo de copas o bastos, si usted es hombre o si es mujer, una reina de copas o bastos, tenga en cuenta, que la reina es un 10.

Y le sale un 7 de oros y un 4 de espadas, le predice que todo el dinero que lleve a jugar, lo va a perder. Si en la carta número 1, le sale, un 3 de oros, en la carta número 2, un caballo de oros, en la carta número 3, un 4 de oros, en la carta número 4, un 5 de espadas. Le predice, pérdida segura, aunque usted comience ganando, perderá, pero lo más seguro es, que ni lo dejarán jugar las máquinas tragamonedas.

Tenga en cuenta que las cartas que faborecen al jugador son las cartas de oro

2. se oros

3. de oros

4. de oras

5. de oros

6. de oros

7. de oros

8. de oros

9. de oros

10. de oros

11. de oros

12. de oros

Todas estas cartas son positibas para el jugador o jugadora

3 de oros

6 de oros

10 de oros o reyna

11 de oros o el caballo

12 de oros o el rey todas estas cartas predisen la fortuna y la buena suerte y el exito en los juejos de azar

Tenga en cuenta, que las cartas positivas para el jugador son, los oros, como le mencioné anteriormente, pero si una de estas cartas le sale invertida o al revés, en cualquiera de las cuatro cartas, le predice, todo lo contrario, como el caballo de oros invertido, le predice mala suerte y lo que lleve a jugar lo perderá, el 3 de oros invertido o al revés, le predice lo mismo, mala suerte y no ganará nada , el 10 de oro o reina, le predice, pérdida total, tenga en cuenta que las cartas invertidas tienen diferentes significado, pero en los juegos de azar, son de pérdidas de dinero.

Todas estas cartar son negatibas

1 de espadas

2 de espadas

3 de espadas

4 de espadas

5 de espadas

6 de espadas

7 de espadas

8 de espadas

9 de espadas

10 de espadas

11 de espadas

12 de espadas

Las cartas negatibas son las mas malas para el jugador pero las cartas que predicen perdida total y segura al 100 % son el 5 de espadas el 10 o reyna de espadas estas cartas le salen en cualquiera de las cuatro cartas predisen lo mismo perdida total invertidas o normales

También, cuando esté chequeando y el naipe le dice, que no tiene posibilidades de ganar y uno sigue chequeando, lo mejor es intentar chequear, en otro casino. Esperar unos 30 minutos y volver a chequear, a ver si las posibilidades han cambiado. Si sigue lo mismo, inténtelo con la ropa intima al revés, muchas veces la ropa intima al revés, es el mejor secreto. Para ganar en los casinos, cuando no tiene buena suerte, lo puede hacer, siempre y cuando chequee primero, y si tienen más posibilidades de ganar, lo pueden hacer.

Recomendaciones, cuando vaya a jugar, no preste, ni regale dinero y si un billete o moneda se le cae, cuando va a ir a jugar o en el casino, es mejor dejar de jugar e intentar otro día. Cuando tire las cartas y el naipe le diga, que va a ganar dinero en los casinos, no se bañe, porque si lo hace y va a jugar, va a perder su dinero, lo mejor que puede hacer, es el día que usted quiera ir a jugar, debe prepararse antes y chequear, después del baño, para tener mayores resultados.

Cuando era una persona muy adicta a los juegos de azar y perdía todo mi dinero en los casinos, pensaba. Dios mío, ¿por qué me has dado esta vida de sufrimiento?, ¿qué he hecho, para merecerme esta vida así? y pensaba, no hay mal que por bien no venga. Hoy en día, quiero darle las Gracias a Dios, por haberme dado la oportunidad de hacer este libro, los secretos nunca antes revelados, cómo ganar dinero en los casinos en las máquinas tragamonedas y así ayudar a miles de personas, que sufren por la adicción a los juegos de azar y nunca ganan nada, en los casinos, en las máquinas tragamonedas y por esa razón, nacieron los secretos nunca antes revelados, cómo ganar dinero en los casinos.

El deseo más grande que tengo es, ir a un casino y ver a todas las personas ganando dinero, en las máquinas tragamonedas. No volver a ver a las personas, sufriendo y llorando, por haber perdido todo su dinero en los casinos. A todos muchas gracias y les deseo mucha suerte en los casinos.

Y que Dios me los proteja y les dé muchas bendiciones.

Los Secretos Nunca Antes Revelados
Cómo Ganar Dinero
En Los
Casinos

En Las Máquinas Tragamonedas
Y
Cambiar Su Suerte Por Completo
Y Ser Un
Jugador Favorecido En Los Juegos
De Azar